महापुरुषों के अनमोल शब्द और रहीम के दोहे

ब्रतेश कुमार सिंह

इस पुस्तक के निर्माण एवं आपतक पहुंचाने के लिए में कुछ व्यक्तियों का धन्यवाद करना चाहता हूँ। वो हैं ब्रजेश कुमार शर्मा सर ,
अमित चौहान सिंह सर @N.P. , युवराज सिंह , महेश कुमार , सर्वेश कुमारी , रामजी लाल , सुरेश कुमार सिंह एवं ब्रजेश सिंह।

क्रम-सूची

प्रस्तावना

इस पुस्तक को मेने इसलिए लिखा है क्योंकि में चाहता हूँ कि हमारे देश के महापुरुषों के अनमोल शब्द याँ वाणियाँ और रहीम के दोहे आप तक पहुँचे इन वाणियों से आपके जीवन में एक सकारात्मक ऊर्जा एवं आप प्रेरिक होंगे। हमें इन महापुरुषों के जीवन एवं उनके शब्दों से प्रेरिक होना चाहिए। अगर इस पुस्तक के निर्माण के समय कोई गलती हो जाए तो कृपया हमें क्षमा करें। यह इस पुस्तक का पहला भाग है। अगर आप दूसरा भाग चाहते है तो कृपया हमें मेल करें। अगर आप चाहते हैं की हम इन महापुरुषों पर एक किताब लिखें तो आप अपना सुझाव हमें brateshkumarsingh@gmail.com पर भेज सकते हैं। आपका सुझाव हमारे लिए महत्वपूर्ण था , है और रहेंगे।

- धन्यवाद

- लेखक

- ब्रतेश कुमार सिंह

भूमिका

इन व्यक्तियों ने इस पुस्तक के निर्माण में भूमिका निभाई है :-

ब्रतेश कुमार सिंह - इन्होने इस पुस्तक को लिखा है और पूरी जानकारी देने की कोशिश करी है।

महेश कुमार - इन्होंने इस पुस्तक को सम्पादक किया है।

सर्वेश कुमारी - इन्होने इस पुस्तक के निर्माण में सहायता की है।

राम जी लाल ,युवराज सिंह , सुरेश कुमार एवं ब्रजेश सिंह - इन्होने इस पुस्तक को आपतक पहुंचाने में मदद करी है।

1
महापुरुषों के अनमोल शब्द

1. एक उत्कृष्ट बात जो शेर से सीखी जा सकती है वो ये है कि व्यक्ति जो कुछ भी करना चाहता है उसे पूरे दिल और जोरदार प्रयास के थ करे। "चाणक्य"

2."सफलता एक घटिया शिक्षक है। यह लोगों में यह सोच विकसित कर देता है कि वो असफल नहीं हो सकते। " "बिल गेट्स"

3.अगर आप खुद के मान सम्मान को महत्व देते हैं, तो गुणवान लोगों की संगति में रहें | खराब संगति में रहने से तो अच्छा है कि आप अकेले ही रहें | "जार्ज वाशिंगटन"

4."अपने प्रयोजन मे दृढ़ विश्वास रखने वाला एक सूक्ष्म शरीर इतिहास के रुख को बदल सकता है। " महात्मा गाँधी"

5.दया धर्म का मूल है, पाप – मूल अभिमान | तुलसी दया न छोडिए, जब लगि घट में प्रान || "तुलसीदास"

6.शुद्ध न्याय में शुद्ध दया होनी चाहिए, न्याय का विरोध करने वाली दया, दया नहीं बल्कि क्रूरता है | "महात्मा गाँधी"

7.अपने आदर्श को पाने के लिए सैकड़ों बार असफल होने पर भी आगे बढ़ो | "स्वामी विवेकानंद"

8.अनुशासन किसी के ऊपर थोपा नहीं जाता, अपितु आत्म अनुशासन लाया जाता है | "अटल बिहारी बाजपेयी"

9.इंसान को कठिनाइयों की आवश्यकता होती है, सफलता का आनन्द उठाने के लिए ये जरुरी है | "अब्दुल कलाम"

1.दुःख को दूर करने की एक ही औषधि है – मन से दुखों की चिंता न करना "वेदव्यास"

11.दूसरों द्वारा की गयी गलतियों से सीखो अपने ऊपर प्रयोग करके सीखने में तुम्हारी आयु कम पड़ जाएगी | "आचार्य चाणक्य"

12.तुलसी दया न छोडिए, जब लगि घट में प्रान || "तुलसीदास"

13.कर्म, ज्ञान और भक्ति का संगम ही जीवन का तीर्थ राज है | -दीनानाथ दिनेश

14.तपस्या धर्म का पहला और आखिरी कदम है | -महात्मा गांधी

15.अपनी पीड़ा सह लेना और दूसरे जीवों को पीड़ा न पहुंचाना, यही तपस्या का स्वरूप है| -संत तिरुवल्लुवर

16.सत्याग्रह बल से नहीं ,हिंशा के त्याग से होता है | -महात्मा गाँधी

17.लोग चाहे मुट्ठी भर हों, लेकिन संकल्पवान हों, अपने लक्ष्य में दृढ आस्था हो, वे इतिहास को भी बदल सकते हैं -महात्मा गाँधी

18.खुशियों को दामन में भरने पर वह थोड़ी सी लगती हैं, लेकिन यदि उन्हें बांटा जाये तो वे और ज्यादा बड़ी नजर आती हैं | -अज्ञात

19.उठो जागो और लक्ष्य तक मत रुको| -स्वामी विवेकानंद

20.सत्य से बड़ा तो इश्वर भी नहीं | - महात्मा गाँधी

21.किसी को माफ़ करना कमजोरी नहीं वरन सामर्थ्यवान ही ऐसा कर सकता है | महात्मा गाँधी

22.मेहनत करने से दरिद्रता नहीं रहती, धर्म करने से पाप नहीं रहता, मौन रहने से कलह नहीं होता | - चाणक्य

23.मुठ्ठी भर संकल्पवान लोग जिनकी अपने लक्ष्य में दृढ़ आस्था है, इतिहास की धारा को बदल सकते हैं| महात्मा गांधी

24.हज़ार योद्धाओं पर विजय पाना आसान है, लेकिन जो अपने ऊपर विजय पाता है वही सच्चा विजयी है| - गौतम बुद्ध

25.मन एक भीरु शत्रु है जो सदैव पीठ के पीछे से वार करता है| - प्रेमचंद

26.विश्वास वह पक्षी है जो प्रभात के पूर्व अंधकार में ही प्रकाश का अनुभव करता है और गाने लगता है| - रवींद्रनाथ ठाकुर

27.ऐसे देश को छोड़ देना चाहिए जहाँ धन तो है लेकिन सम्मान नहीं| -विनोबा

28.अच्छे सब्दों के प्रयोग से बुरे लोगों का भी दिल जीता जा सकता है| - भगवान बुद्ध

29.मनुष्य का सबसे बड़ा यदि कोई शत्रु है तो वह है उसका अज्ञान| - चाणक्य

30.यदि मार्ग काँटों भरा हो, और आप नंगे पांव हो तो रास्ता बदल लेना चाहिए| - चाणक्य

31.वाणी के बजाय कार्य से दिए गए उदहारण कहीं ज्यादा प्रभावी होते हैं.| - ब्रतेश कुमार सिंह

32.मनुष्य का पतन कार्य की अधिकता से नहीं वरन कार्य की अनियमतता से होता है | - अज्ञात

33.कायर आदमी अपनी मौत से पहले न जाने कितनी बार मरता है | - अज्ञात

34.जो सभी का मित्र होता है वो किसी का मित्र नहीं होता | - ओशो

35.क्रोध में मनुष्य अपने मन की बात कहने के बजाय दूसरों के हृदय को ज्यादा दुखाता है। -मुंसी प्रेमचंद

36.सारा हिन्दुस्तान गुलामी में घिरा हुआ नहीं है। जिन्होंने पश्चिमी शिक्षा पाई है और जो उसके पाश में फँस गए हैं, वे ही गुलामी में घिरे हुए हैं। -महात्मा गाँधी

37.मानव जीवन धूल की तरह होता है, हम इसे रो-धोकर इसे कीचड़ बना देते हैं। -बकुल वैद्य

38.सौंदर्य और विलास के आवरण में महत्त्वाकांक्षा उसी प्रकार पोषित होती है जैसे म्यान में तलवार। -रामकुमार वर्मा

39.जिस प्रकार बिना जल के धान नहीं उगता उसी प्रकार बिना विनय के प्राप्त की गई विद्या फलदायी नहीं होती। -भगवान महावी

40.अकर्मण्यता के जीवन से यशस्वी जीवन और यशस्वी मृत्यु श्रेष्ठ होती है। -चंद्रशेखर वेंकट रमण

41.सत्य से कीर्ति प्राप्त की जाती है और सहयोग से मित्र बनाए जाते हैं। -कौटिल्य अर्थशास्त्

42.जिस प्रकार जल कमल के पत्ते पर नहीं ठहरता है, उसी प्रकार मुक्त आत्मा के कर्म उससे नहीं चिपकते हैं।

--छांदोग्य उपनिषद

43.कामनाएँ समुद्र की भाँति अतृप्त हैं। पूर्ति का प्रयास करने पर उनका कोलाहल और बढ़ता है।

-स्वामी विवेकानंद-

44.जैसे सूर्य आकाश में छुप कर नहीं विचर सकता उसी प्रकार महापुरुष भी संसार में गुप्त नहीं रह सकते।

-व्यास

44.शासन के समर्थक को जनता पसंद नहीं करती और जनता के पक्षपाती को शासन। इन दोनो का प्रिय कार्यकर्ता दुर्लभ है।

- पंचतंत्र

45.ख्याति नदी की भाँति अपने उद्गम स्थल पर क्षीण ही रहती है किंदु दूर जाकर विस्तृत हो जाती है।

-भवभूति

46.कुमंत्रणा से राजा का, कुसंगति से साधु का, अत्यधिक दुलार से पुत्र का और अविद्या से ब्राहमण का नाश होता है।

- विदुर

47.सारा जगत स्वतंत्रता के लिए लालायित रहता है फिर भी प्रत्येक जीव अपने बंधनो को प्यार करता है।

- श्री अरविंद

48.बुद्धि के सिवाय विचार प्रचार का कोई दूसरा शस्त्र नहीं है, क्योंकि ज्ञान ही अन्याय को मिटा सकता है।

- शंकराचार्य

49.खुद के लिये जीनेवाले की ओर कोई ध्यान नहीं देता पर जब आप दूसरों के लिये जीना सीख लेते हैं तो वे आपके लिये जीते हैं।

- श्री परमहंस योगानंद

50.सबच्चों को पालना, उन्हें अच्छे व्यवहार की शिक्षा देना भी सेवाकार्य है, क्योंकि यह उनका जीवन सुखी बनाता है।

-स्वामी राम सुखदास

2

अनमोल कथन

1.दुख एक दर्पण होता है जो सब कुछ दिखाता है, सुख एक दर्शक है जो बस देखता है ।

2. जब एक ही जोक पर दोबारा नहीं हंसते, तो एक ही दुख पर भी दोबारा परेशान नहीं होना चाहिए।

3. नजरिया बहुत छोटी सी चीज है,लेकिन इससे फर्क बहुत बड़ा पड़ता है...!!

4. इस दुनियाँ में सिर्फ बिना स्वार्थ के माँ बाप ही प्यार कर सकते हैं...!!

5. प्रत्येक अच्छा कार्य पहले असम्भव नजर आता है...!!

6. ऐसी कोई बात किसी व्यक्ति के बारे में मत कहो जिसे तुम उसके मुंह पर नहीं कह सकते ।

7. क्रोध को क्षमा से जीतो,

मान को विनय से जीतो,

कपट को सरलता से जीतो,

तथा लोभ को संतोष से जीतो ।

8. जो मनुष्य अपने को चालाक तथा दूसरों को बेवकूफ समझता है वह धोखा खाता है ।

9. जिस प्रकार बिना लहरों और तूफान वाले पानी में नाविक कभी कुशल कप्तान नहीं बन सकता, उसी तरह कठिनाइयों का सामना करके ही ज़िन्दगी का कुशल कप्तान बना जा सकता है।

10. हारना सबसे बुरी विफलता नहीं है कोशिश ना करना ही सबसे बड़ी विफलता है..!!

11. जो अपने गुणों से प्रसिद्ध होता है वही उत्तम होता है ।

12. बुद्धि का काम है जानना । मन का काम है मानना । अगर मन नहीं माने तो जानने का कोई अर्थ नहीं है ।

13. मुश्किलों से डरकर भागना कायरता है, उनका डटकर सामना करें।

14. संसार में सबसे असीम हमारी अपनी इच्छाशक्ति है, अगर हम कुछ ठान लें, तो ब्रह्माण्ड भी सीमित नज़र आएगा।

15. अपनी गलती को ना मानना एक और गलती होती है।

16. चार चीजों का सेवन करना चाहिए- सत्संग, संतोष, दान और दया ।

17. जीवन में कभी किसी को कसूरवार न बनायें, अच्छे लोग खुशियाँ लाते हैं! बुरे लोग तजुर्बा...!!

18. संसार एक वृक्ष है तथा वृक्ष का मूल भगवान है । यदि आप मूल को जल देते हैं तो वृक्ष अपने आप खिल जाता है । पत्तों पर पानी डालने की जरूरत नहीं है ।

19. अपनी गलती माने बिना आप बेहतर नहीं बन सकते।

20. अपनी मेहनत और विश्वास से अपनी किस्मत खुद लिखें।

22. शांति के समान कोई तपस्या नहीं, संतोष से बढ़कर कोई सुख नहीं, तृष्णा से बढ़कर कोई व्याधि नहीं, और दया से बढ़कर कोई धर्म नहीं है ।

23. इस दुनिया मे अजनबी रहना ही सबसे बेहतर है...लोग अपना बनाकर अक्सर बहुत तकलीफ देते हैं....!!

24. मुसीबतों से बचने की कोशिशें नई मुसीबतों को जन्म देती हैं।

25. किसी ख़ाब को दिल से देखो तो सारी दुनिया उसे पूरा करने में जुट जाती है।

26. उत्तम मनुष्य मान चाहते हैं,

मध्यम लोग धन और मान चाहते हैं ।

अधम लोग केवल धन चाहते हैं ।

27. जिसका हृदय पवित्र नहीं, वह धार्मिक नहीं हो सकता ।

चुप रहना ही बेहतर है, जमाने के हिसाब से धोखा खा जाते है, अक्सर ज्यादा बोलने वाले..!!

29. मिली थी जिन्दगी,किसी के 'काम' आने के लिए पर वक्त बित रहा है,कागज के टुकड़े कमाने के लिए...!!

प्रेरणादायक अनमोल वचन

30. मुजे ऊंचाइयों पर देखकर हैरान है बहुत लोग,पर किसी ने मेरे पैरो के छाले नहीं देखे...!!

31. कामयाब होने के लिए कई बार हमें जो है उसी में शुरुआत कर लेनी होती है, भले तैयारी पूरी ना हो क्योंकि यह इंतजार करने से काफी बेहतर है।

32. निरंतर सफलता हमें संसार का केवल एक ही भाग दिखाती है, विपत्ति हमें चित्र का दूसरा भाग भी दिखाती है ।

33. भोजन स्वाद के लिए नहीं, बल्कि जीवन की आवश्यकताओं को पूरा करने के लिए करना चाहिए ।

34. पागलो के झुंड में समजदारी दिखाना भी पागलपन है....!!

35. अंधकार, तूफान, भूख, दुर्घटना आदि का उसी प्रकार सामना करो जिस प्रकार पशु और पक्षी करते हैं ।

36. जीवन में यदि जीतने के लिए कोई चीज है तो वह है 'मन'

37. यदि भाग्य में खटास मिले तो उसे मिठास में बदल लीजिए ।

38. जो भी दिल में हो साफ साफ कह देना चाहिये,क्योंकि कहने से फैसले होते हैं,और चुप रहने से फासले होते हैं...!!

39. "सपने सच हो इसके लिए उन्हें देखना जरूरी है।"

40. "सपने सच हो इसके लिए उन्हें देखना जरूरी है।"

41. अपने कर्मों से ही इंसान छोटा या बड़ा बनता है ।

42. सच्चा मित्र वही होता है जो मित्र से विश्वासघात ना करें ।

43. इस दुनिया में कोई भी मनुष्य ऐसा नहीं है जिसे कोई भी दुख ना हो ।

44. "जितना कठिन संघर्ष होगा

जीत उतनी ही शानदार होगी।"

45. विद्या हमेशा निरंतर अभ्यास करने से ही आती है ।

46. गुरु नानक साहब कहते हैं:- जो तुम देते हो वह तुम्हारा है, जो तुम रखते हो वह तुम्हारा नहीं है ।

47. उत्साह, प्रयास की जननी है, और इसके बिना आज तक कोई महान उपलब्धि हासिल नहीं की गई है

48. धन से पुस्तक प्राप्त कर सकते हैं, लेकिन बुद्धि नहीं ।

धन से मकान प्राप्त कर सकते हैं, लेकिन परिवार नहीं ।

धन से मनोरंजन प्राप्त कर सकते हैं, लेकिन सुख नहीं ।

धन से मंदिर प्राप्त कर सकते हैं, लेकिन भगवान नहीं ।

49. दूर से हमें आगे के सभी रास्ते बंद नजर आते हैं क्योंकि सफलता के रास्ते हमारे लिए तभी खुलते जब हम उसके बिल्कुल करीब पहुँच जाते है ।

50. जब सोच में मोच आती है, तब हर रिश्ते में खरोच आती है...

51. जीवन हमेशा जीने के लिए होता है काटने के लिए नहीं ।

52. जिसको हम सदा अपने पास नहीं रख सकते, उसकी इच्छा करने से और उसको पाने से क्या लाभ?

53. मानव जीवन एक अनमोल अवसर है ।

54. जो दोष व्यक्ति में बाहर से आता है, उसे बाहर भी किया जा सकता है ।

55. जिंदगी आसान नहीं-होती, इसे आसान बनाना पड़ता है...कुछ 'अंदाज' से, कुछ 'नजर अंदाज 'से...!!

56. यदि मनुष्य को जीवन में केवल लाभ ही प्राप्त होता रहे तो उसका अहंकार बढ़ जाता है ।

57. "सख्त हाथों से भी

फ़िसल जाती हैं कभी नाज़ुक अंगुलियाँ,

रिश्ते 'ज़ोर' से नहीं

'प्यार मोहब्बत" से पकड़े जाते हैं.."

58. जीवन की गाड़ी में गति के साथ-साथ संयम भी आवश्यक है वरना दुर्घटना निश्चित है ।

59. सारी दुनिया कहती है हार मान लो लेकिन

दिल धीरे से कहता है एक बार

और कोशिश कर तू जरूर कर सकता है!!

60. दूसरों की बुराई देखने से स्वयं के अंदर बुराइयां पैदा होती है ।

61. अपनी गलतियाँ स्वीकारना बहुत बड़ी कला है।

62. अगर जीवन में मस्ती चाहता हूं तो अपनी हस्ती(अहंकार) को मिटा दो ।

63. जो व्यक्ति अपने जीवन में दूसरों को खुशी के पल देता है वह खुद भी बहुत सुख पाता है ।

64. बात कड़वी है पर सच है। लोग कहते है तुम संघर्ष करो हम तुम्हारे साथ है।

यदि लोग सच में साथ होते तो संघर्ष की जरुरत ही नहीं पड़ती।

65. महान कार्य को करने के लिए आत्मविश्वास बहुत जरूरी होता है ।

66. आदर्श सन्यासी होने की अपेक्षा एक आदर्श गृहस्थ होना अधिक कठिन है ।

67. किसी के बुरे वक़्त में उसका हाथ

पकड़ो, सहारा दो और उसे हिम्मत

दो, क्यूँकि बुरा वक़्त तो थोड़े समय में

चला जायेगा, लेकिन वो आपको दुआ

ज़िंदगी भर देते रहेगा.

68. समय बहुत कीमती होता है । करोड़ों रुपए खर्च करके भी एक नया क्षण खरीदा नहीं जा सकता ।

69. जीवन में कबि यह मत सोचो की..

मेरे से बुरा आदमी मेरे से ज़्यादा सुखी क्यों है।

पर यह जरूर सोचना की..

मेरे से अच्छा आदमी मुझसे ज़्यादा दुखी क्यों है।

महापुरुषों के अनमोल विचार

70. ज्ञान श्रद्धा से मिलता है और भक्ति, विश्वास से मिलती है ।

71. "अच्छाई" करने से हमेशा

'मन' साफ़ रहता हैं,

72. वे माता पिता धन्य हैं जो अपनी संतान के लिए उत्तम पुस्तकों का संग्रह छोड़ जाते हैं ।

73. ज़िंदगी में सिर्फ़ " शहद " ही ऐसा है जिसको हज़ार साल के बाद भी खाया जा सकता है,

ओर "शहद "जैसी बोली से सालों साल तक लोगों के दिल में राज किया जा सकता है

74. बीता हुआ समय और कहे हुए शब्द कभी वापस नहीं आ सकते ।

75. 'मीठा झूठ' बोलने से अच्छा है 'कड़वा सच' बोला जाए..

इससे आपको 'सच्चे दुश्मन' जरूर मिलेंगे लेकिन

'झूठे दोस्त' नहीं!

76. जहां प्रेम है, वही परमात्मा है ।

77. दूसरों के साथ वह व्यवहार कभी ना करें जो तुम्हें अपने लिए पसंद नहीं है ।

78. तीन चीजें हमेशा याद रखनी चाहिए:- सच्चाई, कर्तव्य और मृत्यु ।

79. तीन लोगों पर हमेशा दया करनी चाहिए:- भूखे व्यक्ति पर, पागल व्यक्ति पर तथा बालक पर ।

80. तीन चीजें निकल कर कभी वापस नहीं आती:-

तीर, कमान से ।

बात, जबान से ।

तथा प्राण, शरीर से ।

81. तीन लोगों का सम्मान हमेशा करना चाहिए:- माता पिता और गुरु ।

82. मौत को हमेशा याद रखो किंतु उस से डरो नहीं क्योंकि उसका समय निश्चित है ।

83. इंसान को हमेशा अपनी बुद्धि और दूसरों का धन कई गुना दिखाई देता है ।

खुद को मोटिवेट कैसे रखें जानिए 10 अचूक तरीके

वारेन बफेट के विचार

वीर सावरकर के अनमोल विचार

धैर्य पर अनमोल विचार

84. जब रिश्ता नया होता है,

तो लोग बात करने का बहाना ढुढ़ते है,

और जब वही रिश्ता,

पुराना हो जाता है,

तो लोग दूर होने का बहाना ढूढ़ते है ।

85. इस दुनिया में सबसे अधिक कष्ट अज्ञानी व्यक्ति को होता है ।

86. "मेहनत" करने से हमेशा

'दिमाग़' साफ़ रहता हैं,

87. जो व्यक्ति अपने वर्तमान को बिगाड़ लेता है उसका भविष्य स्वयं ही धुंधला हो जाता है ।

88. "सच" बोलने से हमेशा

'दिल' साफ़ रहता हैं,

89. जीवन का सत्य तब मालूम होता है जब हमारे जीवन में श्रद्धा और विश्वास का मिलन होता है ।

90. काँटों पर चलकर फूल खिलते हैं,

विश्वास पर चलकर भगवान मिलते हैं.

91. उस काम को कभी नहीं करना चाहिए जिसको करने के बाद पछताना पड़े ।

92. संतुष्टि सबसे बड़ा धन है, विश्वास सबसे बड़ा बंधु है, तथा निर्वाण सबसे बड़ा सुख है ।

93. खुश रहने का मतलब ये नहीं कि

सब कुछ ठीक है

इसका मतलब ये है कि आपने

आपके दुखों से उपर उठकर

जीना सीख लिया है!

94. अभिमान कभी करना नहीं चाहिए और स्वाभिमान कभी छोड़ना नहीं चाहिए ।

95. परिस्थितियों को नहीं बल्कि मन स्थिति को बदलने का प्रयास करना चाहिए ।

96. किसी ने बहुत अच्छी बात कही है.....

मैं तुम्हें इसलिए सलाह नहीं दे रहा कि मैं ज़्यादा समझदार हूँ.....

बल्कि इसलिए दे रहा हूँ कि मैंने ज़िंदगी में ग़लतियाँ तुमसे ज़्यादा की हैं.

97. स्वयं की अपेक्षा तथा दूसरों की उपेक्षा ही दुखों का मूल कारण है ।

98. केवल ज्ञान ही एक ऐसा अक्षर तत्व है, जो कहीं भी,

किसी अवस्था और किसी काल में भी मनुष्य का साथ नहीं छोड़ता...

99. जानकारी को ज्ञान नहीं समझना चाहिए क्योंकि जानकारी हौज़ है तथा ज्ञान कुआँ है ।

100. दुनिया में सबका दिन 24 घण्टे का है, जिन्हें सफल होना होता है वो इसी का सदुपयोग करना सीख लेते हैं।

101. जीवन मूल्यवान है, धन दौलत नहीं । इसलिए जीवन का हमेशा आदर करो ।

102. यूं तो कोई सबूत नही है कि तुम मेरे हो...

ये दिल का रिश्ता तो सिर्फ यकीन से चलता है !!

103. आज की सबसे बड़ी समस्या है कि कोई भी व्यक्ति दूसरों की बात नहीं सुनना ही नहीं चाहता ।

104. जीवन का विकास, सुख और दुख, दोनों से होता है ।

105. जो दूसरों को हानि पहुंचा कर अपना हित चाहता है वह मूर्ख, अपने लिए दुख के बीज बोता है ।

106. एकाग्र मन मित्र है । चंचल मन शत्रु है ।

107. लालची मनुष्य की इच्छाएं कभी पूरी नहीं होती है ।

108. मनुष्य जब एक नियम तोड़ता है तो दूसरे नियम अपने आप टूट जाते हैं ।

109. जो मनुष्य सबको खुश रखना चाहता है वह किसी को खुश नहीं कर सकता ।

अनमोल वचन अमृत वचन

110. हर तरफ अँधेरा छाए होने की दुहाई देने के बजाय अपनी आँखों पर से पट्टी हटाने का प्रयास करें।

111. रिश्तेदारों के प्यार का पता दुख का समय आने पर ही लगता है ।

112. सतर्क वही होता है जो बिजली की चमक में भी रास्ता ढूंढ लेता है ।

113. सच परेशान हो सकता है..लेकिन हार नहीं सकता...!!

114. मैं दुनिया से लड़ सकता हूँ पर अपनो के सामने लड़ नहीं सकता..,क्योंकि अपनो के साथ मुझे 'जीतना' नहीं बल्कि 'जीना' है...!!

115. मनुष्य जैसा कर्म करता है वैसा ही उसे फल मिलता है ।

116. कुछ चीज रोने से नहीं...सब्र करने से मिलती हैं...!!

117. अपनी चिंताओं को सीमित कीजिए तथा उनका मूल्य निश्चित कीजिए ।

118. अगर सच में किसी का साथ ज़िन्दगी भर चाहते हो तो,कभी मत बताओ की उससे कितना प्यार करते हो...!!

119. हमेशा अपने कर्तव्य को याद रखें, दुखों को नहीं ।

120. प्रातः काल जल पीना, टहलना तथा व्यायाम करना उतना ही आवश्यक है जितना कि भोजन कर कुछ बातें जिनपर आपका वश नहीं है, उन्हें वक़्त सम्भाल लेगा।

3

रहीम के दोहे

बिगरी बात बने नहीं, लाख करो किन कोय.

रहिमन फाटे दूध को, मथे न माखन होय.

अर्थ: मनुष्य को सोचसमझ कर व्यवहार करना चाहिए,क्योंकि किसी कारणवश यदि बात बिगड़ जाती है तो फिर उसे बनाना कठिन होता है, जैसे यदि एकबार दूध फट गया तो लाख कोशिश करने पर भी उसे मथ कर मक्खन नहीं निकाला जा सकेगा.

—2—

रहिमन धागा प्रेम का, मत तोरो चटकाय.

टूटे पे फिर ना जुरे, जुरे गाँठ परी जाय.

अर्थ: रहीम कहते हैं कि प्रेम का नाता नाजुक होता है. इसे झटका देकर तोड़ना उचित नहीं होता. यदि यह प्रेम का धागा एक बार टूट जाता है तो फिर इसे मिलाना कठिन होता है और यदि मिल भी जाए तो टूटे हुए धागों के बीच में गाँठ पड़ जाती है.

—3—

रहिमन देखि बड़ेन को, लघु न दीजिए डारि.

जहां काम आवे सुई, कहा करे तरवारि.

अर्थ: रहीम कहते हैं कि बड़ी वस्तु को देख कर छोटी वस्तु को फेंक नहीं देना चाहिए. जहां छोटी सी सुई काम आती है, वहां तलवार बेचारी क्या कर सकती है?

—4—

जो रहीम उतम प्रकृति, का करी सकत कुसंग.

चन्दन विष व्यापे नहीं, लिपटे रहत भुजंग.

अर्थ: रहीम कहते हैं कि जो अच्छे स्वभाव के मनुष्य होते हैं,उनको बुरी संगति भी बिगाड़ नहीं पाती. जहरीले सांप चन्दन के वृक्ष से लिपटे रहने पर भी उस पर कोई जहरीला प्रभाव नहीं डाल पाते.

—5—

रूठे सुजन मनाइए, जो रूठे सौ बार.

रहिमन फिरि फिरि पोइए, टूटे मुक्ता हार.

अर्थ: यदि आपका प्रिय सौ बार भी रूठे, तो भी रूठे हुए प्रिय को मनाना चाहिए,क्योंकि यदि मोतियों की माला टूट जाए तो उन मोतियों को बार बार धागे में पिरो लेना चाहिए.

—6—

रहिमन निज मन की बिथा, मन ही राखो गोय.

सुनी इठलैहैं लोग सब, बांटी न लेंहैं कोय.

अर्थ: रहीम कहते हैं की अपने मन के दुःख को मन के भीतर छिपा कर ही रखना चाहिए। दूसरे का दुःख सुनकर लोग इठला भले ही लें, उसे बाँट कर कम करने वाला कोई नहीं होता.

—7—

पावस देखि रहीम मन, कोइल साधे मौन.

अब दादुर वक्ता भए, हमको पूछे कौन.

अर्थ: वर्षा ऋतु को देखकर कोयल और रहीम के मन ने मौन साध लिया है. अब तो मेंढक ही बोलने वाले हैं. हमारी तो कोई बात ही नहीं पूछता. अभिप्राय यह है कि कुछ अवसर ऐसे आते हैं जब गुणवान को चुप रह जाना पड़ता है. उनका कोई आदर नहीं करता और गुणहीन वाचाल व्यक्तियों का ही बोलबाला हो जाता है.

–8–

रहिमन विपदा हू भली, जो थोरे दिन होय.

हित अनहित या जगत में, जान परत सब कोय.

अर्थ: रहीम कहते हैं कि यदि विपत्ति कुछ समय की हो तो वह भी ठीक ही है, क्योंकि विपत्ति में ही सबके विषय में जाना जा सकता है कि संसार में कौन हमारा हितैषी है और कौन नहीं।

–9–

वे रहीम नर धन्य हैं, पर उपकारी अंग.

बांटन वारे को लगे, ज्यों मेंहदी को रंग.

अर्थ: रहीम कहते हैं कि वे लोग धन्य हैं जिनका शरीर सदा सबका उपकार करता है. जिस प्रकार मेंहदी बांटने वाले के अंग पर भी मेंहदी का रंग लग जाता है, उसी प्रकार परोपकारी का शरीर भी सुशोभित रहता है.

–10–

समय पाय फल होत है, समय पाय झरी जात.

सदा रहे नहिं एक सी, का रहीम पछितात.

अर्थ: रहीम कहते हैं कि उपयुक्त समय आने पर वृक्ष में फल लगता है. झड़ने का समय आने पर वह झड़ जाता है. सदा किसी की अवस्था एक जैसी नहीं रहती, इसलिए दुःख के समय पछताना व्यर्थ है.

–11–

ओछे को सतसंग रहिमन तजहु अंगार ज्यों.

तातो जारै अंग सीरे पै कारौ लगै.

अर्थ: ओछे मनुष्य का साथ छोड़ देना चाहिए. हर अवस्था में उससे हानि होती है – जैसे अंगार जब तक गर्म रहता है तब तक शरीर को जलाता है और जब ठंडा कोयला हो जाता है तब भी शरीर को काला ही करता है.

–12–

वृक्ष कबहूँ नहीं फल भखैं, नदी न संचै नीर

परमारथ के कारने, साधुन धरा सरीर !

अर्थ: वृक्ष कभी अपने फल नहीं खाते, नदी जल को कभी अपने लिए संचित नहीं करती, उसी प्रकार सज्जन परोपकार के लिए देह धारण करते हैं !

–13–

लोहे की न लोहार की, रहिमन कही विचार जा

हनि मारे सीस पै, ताही की तलवार

अर्थ: रहीम विचार करके कहते हैं कि तलवार न तो लोहे की कही जाएगी न लोहार की, तलवार उस वीर की कही जाएगी जो वीरता से शत्रु के सर पर मार कर उसके प्राणों का अंत कर देता है.

–14–

तासों ही कछु पाइए, कीजे जाकी आस

रीते सरवर पर गए, कैसे बुझे पियास

अर्थ: जिससे कुछ पा सकें, उससे ही किसी वस्तु की आशा करना उचित है, क्योंकि पानी से रिक्त तालाब से प्यास बुझाने की आशा करना व्यर्थ है.

–15–

माह मास लहि टेसुआ मीन परे थल और

त्यों रहीम जग जानिए, छुटे आपुने ठौर

अर्थ: माघ मास आने पर टेसू का वृक्ष और पानी से बाहर पृथ्वी पर आ पड़ी मछली की दशा बदल जाती है. इसी प्रकार संसार में अपने स्थान से छूट जाने पर संसार की अन्य वस्तुओं की दशा भी बदल जाती है. मछली जल से बाहर आकर मर जाती है वैसे ही संसार की अन्य वस्तुओं की भी हालत होती है.

–16–

रहिमन नीर पखान, बूड़े पै सीझै नहीं

तैसे मूरख ज्ञान, बूझै पै सूझै नहीं

अर्थ: जिस प्रकार जल में पड़ा होने पर भी पत्थर नरम नहीं होता उसी प्रकार मूर्ख व्यक्ति की अवस्था होती है ज्ञान दिए जाने पर भी उसकी समझ में कुछ नहीं आता.

–17–

संपत्ति भरम गंवाई के हाथ रहत कछु नाहिं

ज्यों रहीम ससि रहत है दिवस अकासहि माहिं

अर्थ: जिस प्रकार दिन में चन्द्रमा आभाहीन हो जाता है उसी प्रकार जो व्यक्ति किसी व्यसन में फंस कर अपना धन गँवा देता है वह निष्प्रभ हो जाता है.

–18–

साधु सराहै साधुता, जाती जोखिता जान

रहिमन सांचे सूर को बैरी कराइ बखान

अर्थ: रहीम कहते हैं कि इस बात को जान लो कि साधु सज्जन की प्रशंसा करता है यति योगी और योग की प्रशंसा करता है पर सच्चे वीर के शौर्य की प्रशंसा उसके शत्रु भी करते हैं.

–19–

वरू रहीम कानन भल्यो वास करिय फल भोग

बंधू मध्य धनहीन ह्वै, बसिबो उचित न योग

अर्थ: रहीम कहते हैं कि निर्धन होकर बंधु-बांधवों के बीच रहना उचित नहीं है इससे अच्छा तो यह है कि वन में जाकर रहें और फलों का भोजन करें.

–20–

राम न जाते हरिन संग से न रावण साथ

जो रहीम भावी कतहूँ होत आपने हाथ

अर्थ: रहीम कहते हैं कि यदि होनहार अपने ही हाथ में होती, यदि जो होना है उस पर हमारा बस होता तो ऐसा क्यों होता कि राम हिरन के पीछे गए और सीता का हरण हुआ. क्योंकि होनी को होना था – उस पर हमारा बस न था इसलिए तो राम स्वर्ण मृग के पीछे गए और सीता को रावण हर कर लंका ले गया.

–21–

रहिमन रीति सराहिए, जो घट गुन सम होय

भीति आप पै डारि के, सबै पियावै तोय

अर्थ: रहीम कहते हैं कि उस व्यवहार की सराहणा की जानी चाहिए जो घड़े और रस्सी के व्यवहार के समान हो घडा और रस्सी स्वयं जोखिम उठा कर दूसरों को जल पिलाते हैं जब घडा कुँए में जाता है तो रस्सी के टूटने और घड़े के टूटने का खतरा तो रहता ही है.

–22–

निज कर क्रिया रहीम कहि सीधी भावी के हाथ

पांसे अपने हाथ में दांव न अपने हाथ

अर्थ: रहीम कहते हैं कि अपने हाथ में तो केवल कर्म करना ही होता है सिद्धि तो भाग्य से ही मिलती है जैसे चौपड़ खेलते समय पांसे तो अपने हाथ में रहते हैं पर दांव क्या आएगा यह अपने हाथ में नहीं होता.

महापुरुषों के अनमोल शब्द और रहीम के दोहे

ब्रतेश कुमार सिंह

Copyright © Bratesh Kumar Singh
All Rights Reserved.